なんでも小鍋(こなべ)

毎日おいしい10分レシピ

小田真規子

ダイヤモンド社

はじめに

「小鍋」は1～2人分の鍋料理を作るのに重宝します。
でも、それだけじゃありません！
「小鍋」は使い方次第でいろんな料理ができちゃうんです！
この本では**「小鍋ひとつ」でできるカンタン・おいしいレシピ**を
ご紹介します。

鍋ひとつあれば、
なんでもできる！

これが今回のテーマです。

基本はたったの3ステップ

【具材】を用意し、
【スープ】と合わせ、
【仕上げ】をするだけ！

身近な食材で、短時間で、
シンプルながら、とびきりおいしい料理ができます！

料理をしたことがない！　めんどくさい！
という人にもピッタリです。

今回は、
「小鍋道場」で小鍋料理に関するコラムも充実!

減塩ワザや、
普段の鍋が大変身する「たれ」なども
ご紹介します!

「え、土鍋は持ってないんだけど……」
という人は？

フタがついていれば、ホーロー鍋や
ステンレス鍋などでもOK！

……でも、
ひとつ土鍋を持っておくととっても便利！
この機会に買ってみてはどうでしょう？

メンテナンスについては
80ページを参照にするのじゃ

それでは、
楽しい小鍋生活を!!

なんでも小鍋◉目次

はじめに 2

第1章 なんでも小鍋で！王道メニュー

豚肉と生野菜のシンプルしゃぶしゃぶ 16
鶏肉ときのこの和風スープパスタ 18
ざくざくごぼうのあったか豚汁 20
ひき肉と春雨の煮込みチャプチェ 22
土鍋でまるごとマーボドーフ 24
豚しゃぶそうめん鍋 26
かんたんシンガポールライス 28
ほくほくシンプルおでん 30
本格ほろほろチキンカレー 32

小鍋道場❶「小鍋」の豆知識その1 34

第2章 どんなに忙しい朝もOK！小鍋ひとつで10分ご飯

とろ〜リパン鍋フォンデュ 38

ブロッコリーのチーズ味噌スープ 40

塩鮭の蒸しバター鍋 42

ぐつぐつ「グラタン風」半熟卵鍋 44

とろとろ豆腐とわかめのいたわりスープ 46

とろとろチーズリゾット 48

豆乳カレーつけ麺 50

ソーセージとアスパラの常朝鍋 52

かいわれとベーコンのかき玉うどん 54

塩だらと青のりクリーム煮 56

小鍋道場❷「小鍋」の豆知識その2 58

第3章 お酒がすすむ！小鍋ひとつで贅沢おつまみ

大根と豚肉の梅スープ鍋 62

豆腐ときのこの鶏すき鍋 64

根菜のあっさりスープ鍋 66

サバ缶のピリ辛味噌鍋 68

チンゲンサイの中華風さんしょう鍋 70

歌舞伎揚げの「揚げ玉」鍋 72

塩だらと大根の塩みぞれ鍋 74

豚バラと野菜の「麻らー」鍋 76

アツアツ「土手鍋」煮やっこ 78

小鍋道場❸土鍋の扱い方を知っておこう 80
小鍋道場❹「小鍋」がスゴいこれだけの理由！ 82
小鍋道場❺小鍋でご飯を炊いてみよう！ 86
小鍋道場❻なんでも小鍋「味の方程式」 90
小鍋道場❼いつもの鍋が大変身の「たれ」10選 94

第4章 小鍋ひとつで大満足！
鍋もの風おかずご飯

きのことえびのトムヤムクン鍋 100

じゃがいものとろ～りフォンデュ鍋 102

鶏と根菜のカンタン煮物 104

ゴロゴロごぼうと牛肉のごま味噌煮 106

ホクホクじゃがいものミートソース煮 108

きのこと豚のカレー南蛮 110

白菜と油揚げの中華煮 112

鶏肉と野菜のぐつぐつクリーム煮 114

小鍋で本格ビーフストロガノフ 116

塩鮭のかんたんカルボナーラ 118

手羽先と春雨のこってり煮 120

キャベツと鶏肉のマスタード煮 122

小鍋道場❽「マイ土鍋」を作ってみよう！ 124

第5章 暑い日も風邪気味の日も！
元気になれるヘルシー鍋

蒸し野菜のガーリックドレッシング　128
牛肉のあっさりコムタンスープ鍋　130
こそげ塩鮭と大根のつみれ汁　132
青菜と鶏肉のとろみ治部煮鍋　134
千切り白菜の「カニ玉」鍋　136
輪切りごぼうの和風リゾット　138
つやつやコラーゲン白湯らーめん　140
鶏とアボカドのビタミン鍋　142

小鍋道場⑨小鍋でスイーツ　144
小鍋道場⑩「締めのお作法」アラカルト！　146
小鍋道場⑪夏はこんな具材で代用OK！　150
小鍋道場⑫減塩ワザ・ヘルシーワザ　152

逆引き索引　156

[料理スタッフ] 岡本 恵（スタジオナッツ）
[スタイリング] 阿部まゆこ
[ブックデザイン] 奥定泰之
[写真] 高橋 進（クラッカースタジオ）
[イラスト・漫画] 戸田江美
[小道具] UTUWA
[プロデュース] 田中 泰
[編集] 竹村俊介

本書の決まり

- 1カップ＝200ml、大さじ1＝15ml、小さじ1＝5ml
- 特別な表記のないレシピはすべて1人前の分量です。
- 【つくり方】で、「順に加える」としているスープ、たれの材料は表記の順番に加えてください。2列で表記されている場合は、左列の上から下、右列の上から下の順番で加えてください。
- 土鍋は1人前6～7号、2人前7～8号。
- カロリー表示の目安は具材と適量のスープ、さらに適量のたれに含まれるものです。

第 1 章

なんでも小鍋で！
王道メニュー

小鍋は実は万能な調理道具です。これまでいわゆる「鍋料理」しか作ってこなかったとしたら「宝の持ち腐れ」かもしれません。第一章では、小鍋で作れる「王道メニュー」をご紹介します。おでんにパスタ、カレーにシンガポールライスまで。「こんなものも小鍋で作れるの！」と驚くこと間違いなし。小鍋マジックをぜひ体験してみてください。

豚肉と生野菜のシンプルしゃぶしゃぶ

シンプルなおなじみ素材に、特製の味噌だれが絶妙にマッチ！

【具材】
バラ・ももなど豚しゃぶしゃぶ肉…150g
トマト（ヘタをとって6等分のくし切り）…1個
長ねぎ（斜め薄切り）…1本
レタス（大きめにちぎる）…1/2個

【スープ】
塩…小さじ1/2　　　　　　昆布（5cm角）…2枚
水…3カップ

【たれ】
ごま油…大さじ2　　　　　味噌…大さじ2
砂糖…大さじ1　　　　　　酢…大さじ1

● つくり方
❶ 鍋に【スープ】を入れて煮立てる。
❷【具材】を適宜入れ、30秒〜1分程度、好みの煮え具合で火を通す。【たれ】でいただく。

熟れていない固めのトマトでも、火を通すことでやわらかく、うまみも増しておいしくいただける。シメはトマトのうまみが溶け出たスープに麺を入れてさっぱりと。

鶏肉ときのこの和風スープパスタ

鶏のうまみの効いたゆで汁に、仕上げのお酢が極上のスープに

【具材】多めの１人分　※２人で食べたい場合はスパゲティ100g
スパゲティ（「1.6mm、ゆで時間９分」のもの。半分に折る）…80g
鶏もも肉（2cm角）…1/2枚（100g）
シメジ（小房に分ける）…1/2パック（50g）
水菜（6cm長さに切る）…２株（約50g）

【スープ】
塩…小さじ1/2　　　　　　ごま油…大さじ１
水…２と1/2カップ

【仕上げ】
しょうゆ…大さじ１　　　　酢…小さじ２
みりん…小さじ１　　　　　こしょう…適宜

● つくり方
❶ 鍋に【スープ】を入れて中火で煮立て、スパゲティを加えてよく混ぜ、再び煮立ったらふたをして５分煮る。
❷ ふたをあけ、スパゲティをほぐして鶏肉・シメジを加え３～４分煮る。
❸ お好みの煮え具合で、水菜・【仕上げ】を加えて、火を止める。

「ペンネ」などのショートパスタでも同様に作れます。仕上げのしょうゆをみそにしたり、酢の代わりにすだちを搾っても。

ざくざくごぼうのあったか豚汁

3素材でも、短時間でも、驚きのコクとうまみ！

2人前

【具材】

豚バラ薄切り肉（5cm幅に切る）…100g
ごぼう（斜め薄切り・太い部分は縦半分に切り5分水にさらす）
　…小1本（100g）
にんじん（8mm厚さのいちょう切り）…1/2本（80g）
ごま油…大さじ1

【スープ】

昆布（5cm角）…1枚　　　　水…3カップ

【仕上げ】

しょうゆ…大さじ1　　　　みりん…大さじ1
味噌…大さじ2　　　　　　万能ねぎ（小口切り）…3本

●つくり方

❶ 土鍋に油を熱し、水気をよく拭いたごぼう・にんじんの順に炒める。2〜3分かけて炒め、十分に脱水させてうまみも引き出す。

❷ 油が回ったら、豚肉を加え色が変わるまで炒める。

❸【スープ】を注ぎ、煮立ったらアクを除き、しょうゆ・みりんを加えて弱火にして10〜12分煮る。味噌を加え弱火のまま3分煮る。万能ねぎを散らす。

ごぼうは油で炒めることで味わいがグッと増す。ただ、鍋を傷めないように2〜3分程度にとどめて。

ひき肉と春雨の煮込みチャプチェ

春雨と素材を詰めるだけ！　なのに「本格」韓国味

2人前

【具材】

春雨…50g

にんじん（せん切り）…1/3本（50g）

ニラ（5cm長さに切る）…1/2束（50g）

玉ねぎ（薄切り）…1/2個（100g）

豚ひき肉…150g

【スープ】

味噌…大さじ1　　　　しょうゆ…大さじ2

砂糖…大さじ1　　　　ごま油…小さじ1

白すりごま…大さじ1　　水…1カップ

【仕上げ】

ラー油…少々

● つくり方

❶ 鍋に春雨・上に野菜をのせる。ひき肉を散らす。

❷ 混ぜた【スープ】を全体にふりかけるように注ぐ。

❸ ふたをして中火にかけ、煮立ったらそのまま3分、上下を返しながらからめる。ごま油が足りないようであれば、最後に少々足しても。【仕上げ】をふる。

春雨が長くて鍋に収まりづらいときは、キッチンバサミで半分に切るか、さっと濡らして詰めるといい。

土鍋でまるごとマーボドーフ

目からうろこの作り方!! 一気に混ぜてハフハフうまい!

2人前

【具材】

豚ひき肉…150g

絹ごし豆腐(切らずに)…1丁(300g)

ミニトマト(ヘタをとって半分に切る)…4個

【スープ】

長ねぎ(みじん切り)…1/2本(50g)

しょうが(みじん切り)…1かけ

味噌…大さじ1と1/2

しょうゆ・酒…各大さじ1

砂糖・片栗粉…各大さじ1

豆板醤…小さじ1/2

● つくり方

❶ 土鍋にサラダ油をペーパーで薄く塗る。ひき肉と【スープ】を混ぜて加え、中央の底が見えるようにひき肉を側面に広げて、中央に豆腐を入れ、ミニトマトを散らす。

❷ ふたをして中火にかけ、煮立ったら少し火を弱めて7~8分煮る。

❸ ふたを外し、鍋の側面で炒め、火が通ったら豆腐にからめ、とろみがつくまで煮る。

土鍋にひき肉が少しこびりつきますが、これが「お焦げ」になって本格味を作るのに一役買います。こそげとって混ぜていただきましょう。

豚しゃぶそうめん鍋

そうめんの塩分とうまみにゆずこしょうが香る！

【具材】

そうめん（乾燥）…50g
豚肩ロースしゃぶしゃぶ用肉…100g
にんじん（せん切り）…1/3本（50g）
大根（せん切り）…100g
水菜（7cm長さに切る）…2株（約50g）

【スープ】

水…4カップ

【たれ】

ごま油…大さじ1　　　　　しょうゆ…大さじ1
ゆずこしょう…小さじ1～2

● つくり方

❶ 鍋に【スープ】を煮立てる。
❷ そうめん・豚肉を入れて2分ゆで、でてきたアクを除き、吹き上がるさし水の代わりに野菜を加えひと煮する。
❸ そのままトンスイに汁ごと盛り、混ぜた【たれ】を加えながらいただく。

そうめんを「直ゆで」することでスープにとろみが。このとろみで素材に火を通すことで肉も野菜もしっとりやわらかに。

かんたんシンガポールライス

しょうが風味のたれで夏にもぴったり!!

2人前

【具材】
米（といでざるに上げて、30分間水気を切る）…1合
鶏もも肉（余分な脂を除き、筋を切り、半分に切る）…1枚（250g）
Ⓐ 塩…小さじ1/2 ＋ 砂糖…小さじ1 ＋ 水…大さじ1

【スープ】
塩…小さじ1/2　　　しょうが（薄切り）…1かけ　　　水…1カップ

【仕上げ】
きゅうり（せん切り）…1/2本　赤パプリカ（せん切り）…1/4個（40g）

【たれ】
しょうが（みじん切り）…1/2かけ　　しょうゆ…大さじ1
砂糖…小さじ1　　　　　　　　　　酢…大さじ1
ごま油…小さじ1　　　　　　　　　一味とうがらし…2ふり

● つくり方
❶ 鶏肉はⒶをもみ込んで10分置く。
❷ 土鍋に米を入れ、❶を上にのせ、混ぜた【スープ】を全体にふりかけるように注ぐ。
❸ ふたをして中火にかけ、煮立ったらとろ火にし、15分炊く。火を止める前に強火にして1～2分水分を飛ばして火を止め、10分蒸らす。
❹ 鶏肉は取り出して、2cm幅に切る。ご飯を盛りつけ、鶏肉をのせ、【たれ】をかけていただく。

ほくほくシンプルおでん

「小鍋ならでは」の厳選された素材選びがニクイ!!

2人前

【具材】

大根(皮をむき2.5cm厚さの半月切り)…1/2本(450g)

米…大さじ4　　こんにゃく(6等分の△に切る)…(小)1枚(150g)

ベーコン…8枚(約120g)　　ゆで卵…4個

【スープ】

昆布…1枚(10cm)　　しょうゆ…大さじ2　　塩…小さじ1

みりん…大さじ4　　水…5カップ

【仕上げ】

練りがらし…適量

● つくり方

❶ 鍋に大根、米、たっぷりの水を入れて中火にかける。煮立ったらそのまま10〜15分竹串が刺さるまでゆで、ざるに上げて水気を切り、あら熱をとる。

❷ こんにゃくは湯を沸かして2〜3分下ゆでをする。ベーコンは端からくるくる巻き、楊枝で止める。

❸ 鍋に【スープ】を入れて中火にかけ、煮立ったら大根・こんにゃくを加える。再び煮立ったら弱火にし、20分煮る。ベーコン・卵を加えてさらに20分煮る。

ベーコンはくるくる巻くことで「だしの味わい」と「具材」の2役を担います。大根の下ゆでに、お米を入れることでアクが抜け、味がなじみやすくなります。

本格ほろほろチキンカレー

トマトとヨーグルトがうまみのベース

2人前

【具材】

鶏もも肉(余分な脂を除き、1枚を4つに切る)…2枚(500g)

Ⓐ塩…小さじ1と1/2 ➕ 砂糖…大さじ1 ➕ カレー粉…大さじ1 ➕ こしょう…小さじ1/2 ➕ ごま油…大さじ2

玉ねぎ(1cm幅に切る)…1/2個(100g)

トマト(ヘタをとって2cm角に切る)…大1個(200g)

小麦粉…大さじ1

【スープ】

プレーンヨーグルト…1カップ

にんにく、しょうが(すりおろし)…各1かけ

◉つくり方

❶鶏肉にⒶを加えてもみ混ぜる(ジップ式の袋に入れて前日や朝に仕込んでもOK)。

❷鍋に玉ねぎ・トマトを入れ、その上に❶をのせて小麦粉をふり、【スープ】をかけてふたをする。

❸中火にかけ、フツフツとしてきたら弱火にして15分蒸し煮にする。上下を返してよく混ぜる。

鶏肉は大きく切ってもⒶの下味に1日漬けるだけで驚きのやわらかさ。

小鍋道場❶ 「小鍋」の豆知識その1

　小鍋の中でも重宝するのが「土鍋」と「両手つきのホーロー鍋」です。それぞれの鍋の特長を知っておきましょう！

①土鍋のよさは「ゆっくり熱が伝わるところ」

　土鍋は「ゆっくり熱が伝わり」「保温性が高い」のが特長です。ゆっくり熱が伝わることで素材がじっくり加熱され、うまみが引き出されます。野菜や肉などの素材の酵素が働き、うまみが引き出されるのは40〜60度。土鍋はその温度帯で徐々に加熱されていく。だから、おいしいと感じるのです！　保温性が高いので火を止めた後も、余熱を利用できるのもいいですね。

直径20cm前後（6〜7号）、浅底で、底に丸みがあり、縁高になっているものがオススメ。

②ホーロー鍋は「温まりやすく」「冷めにくい」

　ホーロー鍋は「温まりやすく」「密閉性が高く」「冷めにくい」。また「臭い移りしにくく」「塩、酸に強い」のも特長です。土鍋と違い、焦げ付きやこびりつきにも強いので、油で炒めるなどの高温調理にも向いています。

　ホーロー鍋は、鉄やアルミの合金にガラス質の釉薬を焼きつけたもの。乱暴に扱うと釉薬がはがれてしまうので扱いには注意！

深さは7〜8センチ程度のものが使いやすい。

P.58に続く

第 2 章

どんなに忙しい朝もOK！小鍋ひとつで10分ご飯

小鍋シアター❷ 「鍋づくり」

いつものコンロの上に小鍋を置いておけば、具材をパパッと投入してぐつぐつ10分であったかい朝ごはんのできあがり。

第二章では、朝などの忙しいときでも簡単に作れる小鍋メニューをご紹介します。パンとコーヒーですませがちな朝ごはんを、ヘルシーでポカポカあったまる「小鍋ごはん」にしてみませんか？　1日の元気が湧き出てきますよ。

とろ～りパン鍋フォンデユ

トマトジュース・ベーコン・チーズをコトコト煮込むだけ！

【具材】
食パンまたはフランスパン（薄切り、または棒状に切る）…適宜

【スープ】
トマトジュース…3/4 カップ
ミックスチーズ…50g
ハムまたはベーコン（ハムなら角切り、ベーコンなら 5mm 幅）…2 枚

【仕上げ】
塩・こしょう…少々
万能ねぎ（小口切り）…適宜

● つくり方
❶ パンをお好みでトーストしても。
❷ 鍋に、【スープ】を順に入れる。
❸ ふたをして中火にかける。煮立ったら 2～3 分煮て、チーズが溶けたら大きく混ぜ、❶を浸していただく。【仕上げ】をふる。

チーズが溶けた後によく混ぜて煮込むことで、ジュースがソースに変わります。

ブロッコリーのチーズ味噌スープ

定番にしたい。パンもごはんも合う朝のあったか小鍋

【具材】
ブロッコリー(小房に分ける)…50g
ミニトマト(ヘタをとって横半分に切る)…6個
乾燥わかめ…小さじ1

【スープ】
味噌…大さじ1と1/2〜2
水…2カップ

【仕上げ】
粉チーズ…大さじ2

● つくり方
❶鍋に、【具材】を順に詰める。
❷【スープ】を注ぎ、ふたをして中火にかける。
❸煮立ったら弱火で2〜3分煮て、ふたをとりよく混ぜながら1〜2分煮る。【仕上げ】を散らしていただく。

多めのミニトマト、わかめ、仕上げのチーズからいろんな出汁が引き出され、味噌がその味わいをまとめます。

塩鮭の蒸しバター鍋

バターの香りがアクセント！　塩鮭だけどパンにも合う

【具材】

もやし…100g

塩鮭（さっと水にくぐらせる）…1切れ（80〜100g）

万能ねぎ（4cm幅に切る）…10本

【スープ】

バター…10g

しょうゆ…小さじ2

水…1/4カップ

●つくり方

❶ 鍋に、【具材】を順に詰める。

❷【スープ】を順に加え、ふたをして中火にかける。

❸ 煮立ったら中火のまま4〜5分煮る。ふたをとり、野菜と鮭をほぐしてからめながらいただく。

塩鮭はさっと水にくぐらせて、臭みと塩分を適度に除きます。塩鮭以外にも「塩だら」や「ししゃも」でもおいしい。

ぐつぐつ「グラタン風」半熟卵鍋

玉ねぎとトマトのとろとろ、シャキシャキが楽しい

【具材】
玉ねぎ（縦半分の1cm幅の薄切り）…1個（200g）
トマト（ヘタをとって1cmの輪切り）…1個（150g）
ミックスチーズ…20g

【スープ】
塩…小さじ1/4
マヨネーズ…大さじ1
水…大さじ2

【仕上げ】
卵…1個

◉つくり方
❶鍋に、【具材】を順に詰める。
❷【スープ】を順にふり、ふたをして中火にかける。
❸煮立ったら弱火で5分煮る。ぐつぐつのところに卵を割り入れてふたをして半熟になるまで火を通して、崩しながらいただく。

加える水分はほんの少しでOK。玉ねぎとトマトからの水分がスープのベース。少量のマヨネーズがマイルドな味わいに。

とろとろ豆腐とわかめのいたわりスープ

のどごしなめらか、ちょっと疲れ気味の朝のひと鍋はコレ！

【材料】
絹ごし豆腐…1/2丁（150g）
長ねぎ（小口切り）…1/2本（50g）
ごま油…大さじ1/2

【スープ】
塩…小さじ1/3　　　　　　片栗粉…小さじ1
水…1/2カップ

【仕上げ】
乾燥わかめ…大さじ1　　　梅干し（ちぎる）…1個分
削り節…適宜

◉つくり方
❶ 鍋に油を熱し、長ねぎを広げて1分焼き、豆腐を大きめに5〜6等分にちぎって加える。
❷ 豆腐を動かさないように、1〜2分焼く。
❸ 混ぜた【スープ】を回し入れて、すぐに上下を返しながら、薄いとろみがつくまで煮る。
❹【仕上げ】を加えていただく。

ねぎはちょっと焦げる程度に焼くことで、スープに深みが増します。仕上げにしょうゆやごま油、わさびを加えてもおいしい。

とろとろチーズリゾット

ベーコン・バター・チーズのいいとこどり！

【具材】
バター…10g
ベーコン（1cm角に切る）…1枚
冷凍ご飯、またはご飯…100g

【スープ】
牛乳…1カップ
しょうゆ…小さじ1
ミックスチーズ…30g

【仕上げ】
ベビーリーフ…適宜

◉つくり方
❶鍋に【具材】を順に入れて、【スープ】を注ぐ。
❷ふたをして弱火にかけ、ご飯がほぐれてきたら、3〜4分蒸し煮にする。
❸ふたをとり全体を混ぜ、水分が少なくなるまで1〜2分煮る。
❹ベビーリーフを添えていただく。

煮込み具合はお好みで。ミックスチーズは、おつまみのクリームチーズやカマンベールでも。朝ご飯だけでなく夜食にもぴったりです。

豆乳カレーつけ麺

豆乳だれはスパイシーだけどやさしい味わい

【具材】
冷凍うどん…1玉
シメジ（小房に分ける）…50g
長ねぎ（斜め薄切り）…1/2本（50g）
にんじん（ピーラーで切る）…1/5本（30g）

【スープ】
塩…小さじ1/4
水…2カップ

【たれ】
豆乳…1/2カップ
しょうゆ…大さじ2
砂糖…大さじ1/2
カレー粉…小さじ1

◉つくり方
❶鍋に【具材】を詰め、【スープ】を注ぐ。
❷ふたをして中火にかけ煮立ったら、煮えたところから【たれ】でいただく。

野菜はなんでもOK。油あげやハム、ちくわなどを入れてボリュームアップしてもいい。

ソーセージとアスパラの常朝鍋

朝ごはんの素材が大活躍!

【具材】
キャベツ(ちぎる)…2枚(100g)
アスパラ(斜めに4〜5等分)…2〜3本
トマト(ヘタをとって4等分)…1個(150g)
ソーセージ(斜めに2〜3等分)…3〜4本

【スープ】
塩…小さじ1/2
水…2カップ

【たれ】
マヨネーズ…大さじ1
塩…小さじ1/4
温泉卵…1個

●つくり方
❶鍋に【具材】を順に詰め、【スープ】を注ぐ。
❷ふたをして中火にかけ、煮立ったらアクをとり、煮えたところから【たれ】でいただく。

素材は順に詰めていくだけ。アスパラはブロッコリーやいんげんでもOK。野菜がクッションになり、ソーセージがほどよく煮えておいしい。

かいわれとベーコンのかき玉うどん

和・洋・中素材がミックスされた新しい朝鍋うどん

【具材】
冷凍うどん…1玉
ベーコン(3cm幅に切り、片栗粉大さじ1をまぶす)…2枚

【スープ】
オイスターソース…大さじ2
しょうゆ…小さじ1
水…1と1/2カップ

【仕上げ】
しょうが(すりおろし)…1かけ
卵…1個
貝割れ菜…20g

●つくり方
❶ 鍋に冷凍うどんを入れて、【スープ】を注ぎ、ふたをして煮立てる。
❷ 1〜2分煮、ベーコンを加えて、上下を返し2分煮る。
❸ 割りほぐした卵を回し入れて軽く混ぜ、かき玉にし、貝割れ菜を散らし、しょうがを添えていただく。

ベーコンに片栗粉をまぶすことで、ベーコンがとろりとやわらかくなるとともに、味が逃げず、さらにスープにもとろみがつく。

塩だらと青のりクリーム煮

牛乳ベースのスープを和風に変える青のりの味わい！

【具材】
切り身の塩だら（半分に切り、片栗粉を小さじ1〜2まぶす）…1切れ（100g）
長ねぎ（斜め薄切り）…1本（100g）
油揚げ（2cm角）…1枚

【スープ】
牛乳…1カップ
塩…小さじ1/2
水…1/2カップ

【仕上げ】
青のり…小さじ2

●つくり方
1. 鍋に塩だら・長ねぎ・油あげを入れて、【スープ】を注いでふたをして中火で煮立てる。
2. 煮立ったらふたをしたまま弱火で3〜4分煮て、煮汁がとろりとしたら【仕上げ】をふり、からめながらいただく。

青のりは最後に加え、香りが立ったところをいただくのがいい。油揚げと長ねぎのとろりとした食感にやさしい香りがただよいホッとする味。

小鍋道場❷
「小鍋」の豆知識その2

③ ステンレス鍋は万能ではあるけれど……

ステンレス鍋はステンレスとアルミを組み合わせた多重層の鍋が主流で、調理鍋としては万能。熱伝導率・蓄熱性などの点からは土鍋・ホーローには少しずつ劣ります。

④ その他の鍋について

アルミや銅の鍋は熱伝導がいいので、煮汁や湯の温度が下がらず、具材を入れても再沸騰までが早く、短時間で火を通したい鍋がおいしくいただけます。

ただ、素材やスープの味により変色しやすく、こびりつくこともあるので注意してください。しゃぶしゃぶやうどんすき・チリ鍋・おでんなどが多い場合は、いいかもしれませんね！

鍋の特長を知って、素敵な小鍋生活を過ごしてほしいのじゃ！

第3章

お酒がすすむ！
小鍋ひとつで
贅沢おつまみ

小鍋シアター❸「小さなぜいたく」

疲れて帰ってきた夜にいろいろおかずを作るのは面倒くさいもの。そんなときはちょっとボリュームのある小鍋料理はいかがでしょう？　第三章はお腹も満足できる、おつまみにもなる小鍋料理をご紹介。お酒のおともにするもよし、もちろんご飯のおかずにもピッタリです。少しの手間でも本格的な味を、おうちでゆっくり楽しんで。

大根と豚肉の梅スープ鍋

豚肉のうまみが大根にしみ込んで、ぐいっと焼酎が合う!

【具材】
ロース・肩ロースなどの豚しゃぶしゃぶ用肉…150g
エリンギ(手で粗く裂く)…1本
大根(皮をむき半月の薄切り)…100g

【スープ】
梅ぼし…2個　　　　　　昆布(5cm角)…2枚
みりん…大さじ2　　　　薄口しょうゆ…大さじ2
水…2カップ

【仕上げ】
万能ねぎ(小口切り)…適宜
わさび…適宜

● つくり方
① 鍋に【スープ】を入れて中火で煮立て、肉・エリンギを入れる。
② 豚肉の色が変わったら、大根を加えてひと煮する。
③ 大根がしんなりしたら万能ねぎを加えて、火を止める。わさびを溶く。

はじめ、梅ぼしは崩さずにいただきあっさりと。後半から崩し、からめるようにすると変化を楽しめる。

豆腐ときのこの鶏すき鍋

980 kcal

牛に負けてない！　ビールが止まらない抜群のうまさ！

【具材】
鶏もも肉（2cm幅の棒状に切る）…1枚（250g）
Ⓐ 砂糖…大さじ3 + しょうゆ…大さじ2
シメジ（小房に分ける）…1/2パック（50g）
ごま油…大さじ1
木綿豆腐（3等分に切る）…1/2丁（150g）

【スープ】
みりん…大さじ2
ラー油…小さじ1/2〜1
水…1/4カップ

【仕上げ】
万能ねぎ（5cm長さに切る）…30g

○つくり方
❶ 鶏肉にⒶをもみからめる。
❷ 鍋に油を加えて軽く熱し、シメジ・❶を汁ごと加えて広げ、2分焼く。
❸ 上下を返してさっと炒めて、半分火が通るくらいで豆腐を入れる。
❹【スープ】を注いで中火で煮立て、少し火を弱め、汁をかけて上下を返しながら5分煮る。【仕上げ】を加えてひと煮する。

鶏肉に砂糖としょうゆをもみ込むのが味作りのスタート。ちょっと多めの砂糖が加熱され、うまみと香ばしさを作ります。

根菜のあっさりスープ鍋

ひと手間かけた上品な香りは白ワインにもぴったり

【具材】
豚バラ薄切り肉(5cm幅に切る)…150g
ごぼう(ピーラーでささがきにする)…1/3本(50g)
にんじん(せん切り)…1/5本(30g)

【スープ】
昆布(5cm角)…1枚　　みりん…大さじ2
薄口しょうゆ…大さじ2　水…1と1/2カップ

【仕上げ】
長ねぎ(せん切り)…1/2本(50g)

【トッピング】
こしょう…少々

●つくり方
❶豚肉はボウルに入れ、かぶるくらいの熱湯を注ぎ、1分置き取り出す。
❷鍋に【スープ】を入れ中火にかけ、煮立ったらごぼう・にんじん・❶を入れ、弱火で5分煮る。
❸【仕上げ】を加え、ひと煮し、【トッピング】をふる。

豚バラ肉に熱湯をかけて脂と臭みを抜いてスープのベースにします。ごぼうが上品な味わいに仕立てます。

サバ缶のピリ辛味噌鍋

たまねぎの甘味とキムチの辛味がマッコリと相性OK

【具材】
たまねぎ(8等分のくし切り)…小1個(150g)
サバ缶(汁ごと)…1缶(150〜200g)
キムチ(ざく切り)…100〜150g

【スープ】
塩…小さじ1/2
みりん…1/4カップ
水…1カップ

【仕上げ】
味噌…大さじ2
ごま油…小さじ1

●つくり方
❶鍋に【具材】を入れ、【スープ】を注ぐ。
❷ふたをして中火にかけ、煮立ったら中火のまま5〜6分煮る。
❸【仕上げ】を加え、煮汁をかけながらとろみが出るまで3〜4分煮る。

サバ缶は崩さないようにそっと鍋に移します。たまねぎは大きめに切って甘みと食感を残します。サバ缶がこんなにいい仕事するんだ!と再認識するはず。

チンゲンサイの中華風さんしょう鍋

あっさり味の青島ビールがオススメ！

【具材】
豚ロース・肩ロースなどのとんかつ用（6等分に切る）…1枚（120g）
にんにく（半分に切って芯を除く）…2かけ
チンゲンサイ（乱切り）…小2株（200g）

【スープ】
しょうゆ…大さじ2
ごま油…大さじ1
酒…大さじ2
砂糖…大さじ1
水…1カップ

【仕上げ】
粉さんしょう…小さじ1/2〜

●つくり方
❶ 鍋に肉・にんにくを入れて【スープ】を注いで中火にかけ、煮立ったら弱火で20分煮る。
❷ チンゲンサイを加えて1〜2分煮て、【仕上げ】をふる。

粉さんしょうはお好みで。さらに「一味」や「黒こしょう」をプラスして、香りと辛さを楽しんでもグッド。

歌舞伎揚げの「揚げ玉」鍋

揚げ玉代わりの「歌舞伎揚げ」がいい仕事！

【具材】
かまぼこ（あればピンク色。薄切りにする）…1/2本（80g）
長ねぎ（5cm幅に切り縦四ツ割にする）…1本（100g）

【スープ】
薄口しょうゆ…大さじ1と1/2
水…1と1/2カップ

【仕上げ】
歌舞伎揚げ（大きく割る、またはそのまま）…3枚または小粒10個（約35g）
水菜（5cm長さに切る）…1/2把（50g）

【トッピング】
七味唐がらし…適宜

●つくり方
❶鍋に【スープ】を入れて中火にかけ、煮立ったら【具材】を入れ、弱火で5分煮る。
❷【仕上げ】を加え、【トッピング】をふる。

水と薄口しょうゆの超シンプルスープに、かまぼこ、長ねぎのうまみと甘味を加え、仕上げに歌舞伎揚げ。具材セレクトの妙味！

塩だらと大根の塩みぞれ鍋

焼いた油揚げの香りがスープに貢献

【具材】
大根（半分を 1.5cm 角に切る。残りはすりおろす）…300g
油揚げ（熱したフライパンで表裏を 3 分ずつ焼きカリッとさせ、8 等分に切る）…1 枚
切り身の塩だら（2 〜 3 等分に切る）…1 〜 2 切れ（150g）

【スープ】
昆布（5cm 角）…1 枚　　　　　　塩…小さじ 1/2
ゆずこしょう…小さじ 1 〜 2　　　水…1 と 1/2 カップ

【仕上げ】
豆苗（根元を切る）…15g

●つくり方
❶ 鍋に大根（1.5cm 角）・塩だら・油揚げを詰めて【スープ】を注ぐ。
❷ ふたをして中火にかけ、煮立ったらアクをとり、大根（すりおろし）を加え、4 〜 5 分煮る。
❸【仕上げ】を加え、煮えたところからいただく。

大根は細切りよりも角切りの方が食感が楽しい。油揚げを焼くのはひと手間かかりますが、その効果を実感できるので、ぜひ！

豚バラと野菜の「麻らー」鍋

スパイスのミックスで本格中華鍋に！

【具材】

豚バラ薄切り肉（半分に切る）…100〜150g
🅐 にんにく（すりおろし）…1かけ ＋ 塩…小さじ1/2
たまねぎ（1cm幅に切る）…1/2個（100g）
ニラ（5cm長さに切る）…1/2把（50g）

【スープ】

しょうゆ…大さじ1　　　みりん…大さじ1
ラー油…小さじ1　　　　水…1と1/2カップ

【仕上げ】

粉さんしょう…小さじ1/2　　七味とうがらし…小さじ1/2
白すりごま…小さじ1

● つくり方
1. 豚肉に🅐をもみからめる。
2. 鍋に❶を少し握りながら広げ、たまねぎ・ニラをのせ、【スープ】を注ぐ。
3. ふたをして中火にかけ、煮立ったらアクをとり、火を弱めて4〜5分煮る。
4. 【仕上げ】をふり、煮えたところからいただく。

粉さんしょう、とうがらし、白すりごまが絶妙な「スパイスマジック」を生み出します。「テーブルこしょう」や「カレー粉」などをプラスしてアレンジするのも楽しい。

アツアツ「土手鍋」煮やっこ

焦げた味噌がスープの味と香りをワンランクアップ

【具材】
木綿豆腐（4等分に切る）…1丁（300g）
エノキ（小房に分ける）…1パック（100g）
長ねぎ（斜め8mm薄切りにする）…3/4本（75g）

【スープ】
Ⓐ味噌…70g ✚ みりん…大さじ1 ✚ 白すりごま…大さじ2 ✚ しょうが（すりおろし）…1かけ
水…1/2カップ

【仕上げ】
長ねぎ（みじん切り）…1/4本（25g）

●つくり方
❶Ⓐの土手味噌を合わせ、鍋のふちギリギリまで全体に塗り、そのまま中火にかける。
❷4〜5分焼きぱちぱちとして表面が乾き香ばしい香りがしてきたら、火を止める。豆腐、野菜を中央に入れて、水を注ぐ。
❸ふたをして中火にかけ、煮立ったら、味噌を溶くように全体にからめながら煮る。【仕上げ】をふっていただく。

普通の土鍋は長時間の空炊きはNG。味噌を焼いた後、一度火を止めてから素材を入れていくのが、土鍋を傷めないコツ。空炊きOKの土鍋も多く出回っているので、それを選ぶのもいいでしょう。

小鍋道場❸
土鍋の扱い方を知っておこう

①土鍋は使い始めに気をつけましょう

土鍋の土は、乾燥して空気を含んでいる軽石のようなもの。釉薬(ゆうやく)がかかっていても、初めから煮汁を入れて鍋を作ってしまうと、土鍋が煮汁を一気に吸って、その後臭くなってしまいます。

それを防ぐのが「お米を入れた水」を煮たり、「お米の研ぎ汁」を加熱すること。お米のでん粉が土鍋の無数の穴に入り込み、表面をコーティングし、臭いがつきづらく、また割れにくくしてくれます！

②土鍋は大切に扱いましょう

土鍋は温度変化や、衝撃にも弱いのです。使用後にいきなり冷たい水につけたり、金属のお玉など調理用具で強くたたいたりしないこと。丁寧に扱いましょう。

最近は高温に耐性のある土鍋もたくさん出ていますが、油を使った調理も基本はNG。できれば短時間にしましょう。また、特に釉薬のかからない鍋底は、濡れると水分を含み、そのまま火にかけると水分が膨張して割れてしまいます。

③使用後のメンテナンスも忘れずに

　使い終わったら、釉薬のかかっていない底の部分はなるべく濡らさないように洗います。その後、十分に乾かしてから、2〜3分程度空だきして十分に冷ましてから、しまいます。

④焦げ付きを防ぐには？

　土鍋は、焦げ付きやすいのが難点。焦げ付きを防ぐには、少量の油を鍋底いっぱいに塗るか、大きめの昆布などを敷くのもよいでしょう。焦げ付きやすい料理のときには、調理の途中に、鍋底を混ぜることも忘れずに。
　焦げ付いてしまったら、ぬるま湯を注ぎ、そのまま弱火で煮ます。焦げが浮いてきたらヘラなどでこそげとり、スポンジでこすります。
　どうしてもとれないときは、ぬるま湯に重曹を加えて10分ほど煮ましょう。重曹を焦げにじかにつけてこするのもよい方法です。

小鍋道場❹
「小鍋」がスゴいこれだけの理由！

① とにかくカンタン

　小鍋生活はこんな人たちにオススメです！

　これまで料理をしてこなかった人。料理はするけれど「なんとなくおっくうだな……」「面倒臭いなあ……」と思っている人。一人暮らしや、夫婦二人暮らしの人。

　また、おいしいものを食べたい、作りたいけど、調理器具はたくさん持ちたくないという人。手の込んだ難しいことはしたくないという人、などなど。小鍋はそんな人たちの生活をサポートします！

② とにかくシンプル

　フライパンも重宝する調理器具ですが、小鍋も負けてはいません！　小鍋のよいところは、すぐに調理が始められるところ。また、そのフォルムの小ささから、たくさんの素材を加えることが難しいのでかえって自然とシンプルな料理になります。

③ 素材が生かされる、深い味わい

　小鍋は、素材を詰めこんで、少ない水分と調味料で、効率よく、「煮る」「炊く」「蒸す」「ゆでる」ことができます。少量の煮汁や素材に含まれる水分を最大限に利用するので、素材のうまみが濃厚に引き出されます。つまり、素材そのものの味わいが堪能できます。

　煮汁や素材を温めるのも、少ない量で短時間で済みます。油をたくさん使わずにおいしさを作れるのでヘルシーです。

④ そのまま食卓に並べられる

　さらに小鍋の魅力は、そのまま食卓に並べられること！　キッチンに出しっぱなしにしておいても素敵です。
　朝からいちいち、大きな鍋やフライパンなどを取り出して調理するというストレスやおっくうさから解放されて、なんでも小鍋使いのメニューにしてみるというのも、悪くないと思いますよ。

小鍋道場❹
「小鍋」がスゴいこれだけの理由！

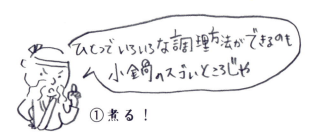

ひとつでいろいろな調理方法ができるのも小鍋のスゴいところじゃ

①煮る！

 小鍋は「煮る」が大得意。素材を詰めて、煮汁を加えて、ゆっくり加熱します。煮汁が多ければ「鍋」、少なければ「煮物」になります。うまみを引き出しながらおいしくするプロセスは、鍋も煮物も一緒。高温耐性のある土鍋を選べば、さらにメニューの幅が広がります。鍋といっても、夕ご飯でなくてもいいのです。手に入る素材を煮ることで、朝ご飯やランチにしてもよいですね！

②炊く！

 小鍋は「炊く」こともできます。特に「ご飯」は小鍋の得意分野。炊飯器ももちろん重宝しますが、炊飯の方法を覚えておくとメニューの活用の幅が広がります。詳しくは86〜89ページで紹介します。

③蒸す！

 蓄熱性が高く、ふたが重くて圧がかかることから、素材の水分だけを利用する「蒸しもの」も得意です。電子レンジに比べ、時間はかかりますが、じっくりと加熱されるうまみと素材のみずみずしさを生かしたおいしさが生まれます。

④ゆでる！

　たとえば、1〜2人分のパスタも小鍋が活躍します。煮汁と一緒にパスタをゆでるので、煮汁とパスタのうまみがトロリとしたソースになるのです。「少し固いかな」と思うところで加熱を終え、余熱を利用して食卓に。いただくときにも、鍋からのいい香りが立ち込め、パスタは熱々でモチモチの食感。しかも伸びにくいんです。

⑤冷やす！

　土鍋もホーロー鍋も「蓄熱性」が高いので、冷蔵庫に入れておくとじっくり冷え保冷もできて、ふたをしておけば保湿もできます。
　ゆで野菜のサラダを土鍋に盛りつけて冷やしておく。蒸し鶏や野菜のパスタサラダをホーロー鍋に冷やしておく、なんていうのも楽しいですね！

小鍋でパスタをゆでるのは オススメ！

「少し固いかな」と思うところで加熱を終えると…

モチモチのパスタに！

小鍋道場❺
小鍋でご飯を炊いてみよう！

　小鍋は「ご飯」もおいしく炊くことができます。炊飯器では味わえないおいしさをあなたも味わってみてください。

①お米は2合がベスト

　小鍋でおいしくご飯を炊くなら、お米は2合がオススメ。それは、ご飯の3段階のおいしさをバランスよく作り出すためです。その3段階とは、炊き上げたときのご飯の層。下層部分の「焼き炊き」、中層の「圧炊き」、上層の「蒸し炊き」です。そして、これらが混ざり合って、ご飯のおいしさになるのです。この3段階は2合のご飯からうまくできます。1合ではちょっと量が少なくて、この層ができづらいのです。

　お米は、精米したてのものを購入し、1か月で食べきりたいですね。乾燥していますが、お米は「生鮮食品」なので、保存は冷蔵庫で。これを守ることで、はじめておいしいご飯のスタートラインに立てるのです。

②とぐときのポイント

　お米をとぐときは冷たい水で。
　ボウルに冷たい水を張って、ざるに入れた生米をちゃぽんとつけ、さっと混ぜてすぐ引き上げます。お米の表面には米同士がこすれてできる細かい「米かす」がついていて、これが米の味わいを損ねます。それを取り除いてからとぎましょう。
　次に、お米が浸かる程度にボウルに冷たい水を張り、お米を崩さないように両手で拝むように 10 回ほど優しくこすりつけます。そこで水を切って、さらに新しい水に替えます。これを 2 回くらいおこないます。
　このままざるに上げて 30 分ほど置き、表面についた水分を米に吸わせます。もしくは、冷たい水に 20 分ほどつけておきましょう。

小鍋道場❺
小鍋でご飯を炊いてみよう!

③ さあ、炊きましょう!

ここから炊いていきます。

2合なら、加える水は2カップ弱(約380ml)。そこに角氷を2〜3個入れ、水温を下げておきます。

ふたをして「中火」にかけます。7〜8分かけて、ゆっくり沸騰までもっていきましょう。沸騰したのを確認したら「弱火」と「とろ火」の間にして、さらに15分。

火を止める前に、30秒ほど「強火」にして表面の水分を飛ばし、火を止めます。さらにそのまま5分程度蒸らせばOKです!

〈ホーロー鍋の場合は〉

ふたをして中火にかけ、7〜8分かけてゆっくり沸騰までもっていきます。沸騰したのを確認したら、さらにそのまま2分沸騰させます。その後、弱火にして15分。

火を止める前に、30秒ほど強火にして表面の水分を飛ばし、火を止めます。そのまま15分程度蒸らせばOKです。

④「洗い米」を準備しておくとプロ

　すぐに炊かないときは、「洗い米」にしておくとよいでしょう。
　お米をとぎ、ざるに上げて、水気を切り、ビニールの袋に入れしっかり口をとじて、冷蔵庫で保管し翌日までに使い切ります。
　これは、プロのお米の扱い方です。十分にお米に水分を吸わせたあと冷やすことでお米に甘みが出て、加熱されてうまみが引き出されるのです。
　洗い米はすでに吸水されているので、水加減も洗い米と同量でよいのが便利。氷水はなくても大丈夫です。

　最近は、炊飯専用の土鍋も人気がありますね。お鍋用に比べて深型で重みがあり、吹きこぼれを防ぐためにより縁高になっています。

小鍋道場❻
なんでも小鍋「味の方程式」

　小鍋レシピを実践してもらえれば、シンプルながら深くておいしい味ができあがることに驚いてもらえると思います。その秘密は何なのでしょうか？　ここではその「味の方程式」を解説します！

ポイントは素材の水分と塩分

　本書の小鍋レシピに、水分はあまり必要ありません。素材そのものの水分を生かすからです。

　鍋といえば材料を切るだけでなく、出汁をとったり、別でスープを作ったり、思いのほか手間暇がかかるもの。とはいえ市販の出汁やスープの素に頼るばかりでは飽きてしまいます。

　そこで、本書では「小鍋ならでは」の味作りをしています。それは「塩分」を基準に味をつくる方法です。

　特に塩を主体にしてじっくり煮込むことで、素材に味がなじみ、具材からもおいしい出汁を引き出すことができるのです。

　できあがったら、小鍋ならではの効率のいい「余熱」を利用して、味を含ませます。仕上げには、たれはもちろん、香りのいい生の素材や、スパイスを加えたり、バターやごま油で味を完成させるのも、フレッシュなおいしさのポイントです！

味を作り出す大切な要素はこの3つです！

①味の基本

「基礎調味料」をベースにします。鍋の味わいを作り出す調味は、塩を中心に加えています。

　しょうゆや味噌など塩を含む調味料は、加熱している間に香りやうまみが変わりやすいので、ベースは塩で、アクセントにしょうゆや味噌を加えます。

　薄口しょうゆは意外と使い勝手がいいもの。塩分もしっかり、しょうゆの軽い香りもある、「塩としょうゆのいいとこどり」の調味料なので、活用するといいでしょう。

　肉や魚や野菜には自然の甘みがあり、煮込んでいる間にうまみとともに引き出されます。それを活用して砂糖やみりんの甘みは控えめにします。

②コク・うまみ

　煮込んでいる間に素材から出てくる出汁には、油や油脂を含んだ乳製品を活用して、さらに「コクやうまみ」をプラスします。また、ごま油やマヨネーズ、粉チーズ、バターなどの油を適度に加えることで、香りも立ちます。

③香り・辛み・酸味

　①②をベースにした調味料で火を通した鍋に、たれとして、またトッピングとして加えていきます。ベーシックな味わいに変化をつけたり、うまみやコクをさらに感じやすくするアイテムです。

小鍋道場❻
なんでも小鍋「味の方程式」

①味の基本

塩
しょうゆ（薄口しょうゆ）
味噌
砂糖
みりん

②コク・うまみ

オイスターソース
ねりごま
マヨネーズ
オリーブ油
ごま油
バター
昆布
かつお節
酒

③香り・辛み・酸味

香り		辛み		酸味
刻みごま こしょう類 カレー粉 さんしょう パセリ 香菜 三つ葉	or	とうがらし (一味・七味・赤・韓国) ゆずこしょう 豆板醤(とうばんじゃん) わさび からし	or	酢 (レモン・かんきつ類) 梅干し 粒マスタード

これがおいしい小鍋の
ヒミツなのじゃ

小鍋道場❼
いつもの鍋が大変身の「たれ」10選

鍋といえば「ポン酢かゴマだれ」という人も多いのではないでしょうか？　それではすぐに飽きてしまいます。

このページでは、普段の鍋料理（水炊きやしゃぶしゃぶ）がよりおいしくなる「たれ」のレシピをご紹介します！

① 初級編
ポン酢やゴマだれにちょい足し！

市販のポン酢に……　　「おろしトマト」をプラス
　　　　　　　　　　　「刻み香菜」をプラス
　　　　　　　　　　　「刻みニラ」をプラス
　　　　　　　　　　　「刻み長芋」をプラス
　　　　　　　　　　　「おろしきゅうり」をプラス
　　　　　　　　　　　「刻みゴマとねぎのみじん切り」をプラス

市販のゴマだれに……　「ラー油」をプラス
　　　　　　　　　　　「おろししょうが」をプラス
　　　　　　　　　　　「練りからし」をプラス
　　　　　　　　　　　「練りわさび」をプラス
　　　　　　　　　　　「たたいた梅干し」をプラス
　　　　　　　　　　　「万能ねぎの小口切り」をプラス

②応用編
少量でもインパクト大の「たれ」10選！

●納豆だれ
ひきわり納豆…50ｇ　　しょうゆ…大さじ1と1/2
ごま油…大さじ1　　酢…大さじ1と1/2

●塩わさび
塩…小さじ1/2　　練りわさび…小さじ1
サラダ油…大さじ1　　ごま油…大さじ1

●ゴマこしょうだれ
塩…小さじ1　　黒こしょう…小さじ1　　ごま油…大さじ3

●豆腐ドレッシング
絹ごし豆腐…100g　　ゆずこしょう…小さじ1/2
しょうゆ…小さじ1　　サラダ油…小さじ2

●トマトだれ
トマトのすりおろし…100g　　酢…大さじ2
塩…小さじ1/2　　オリーブ油…大さじ2
こしょう…少々　　砂糖…小さじ1

小鍋道場❼
いつもの鍋が大変身の「たれ」10選

●ゆかりおろし
ゆかり…大さじ 1/2
大根おろし…150g（水気を切って 100g に）

●エスニックマヨ
マヨネーズ…大さじ 3　　オイスターソース…大さじ 1
カレー粉…小さじ 1/2　　牛乳…大さじ 1

●和洋だれ
粒マスタード…大さじ 2　　しょうゆ…大さじ 2
みりん…大さじ 1　　酢…大さじ 1

●洋ポン酢
薄口しょうゆ…大さじ 1・1/2
白ワインビネガーまたは酢…大さじ 1
オレンジジュース…大さじ 3

●香り味噌マヨ
にんにくのすりおろし…1/4 かけ
しょうがのすりおろし…1 かけ
味噌…大さじ 3
マヨネーズ…大さじ 3

たれを工夫して楽しんでほしいのじゃ

第 4 章

小鍋ひとつで大満足！鍋もの風おかずご飯

小鍋シアター❹「呑みすぎた」

がんぱーい!!

あぁ…きのう、呑みすぎたなぁ…

こんな二日酔いの日は小鍋に限る!!

ぐつぐつ

するっといけて元気100倍!!
小鍋は俺の味方…

するっと食べすぎたぁ~!!

トムヤムクンに煮物やフォンデュまで。小鍋の可能性は無限大。第四章は鍋もの風の「おかずご飯」。下ごしらえや複雑な調理は一切不要。基本は、具材を入れてフタして火を入れるだけ。後かたづけも楽チンです。小鍋ひとつで、栄養たっぷり、体もあったまるおかずがパパッとできる。それでいて手のこんでそうな深い味！　あなたも感動するはず。

きのことえびのトムヤムクン鍋

しょうがとレモンの味わいで驚きの本格アジアン

2人前

【具材】

殻つきえび…8尾（約160g）

Ⓐ酒…小さじ1 ＋ ごま油…小さじ1

キャベツ（3cm角）…3枚（150g）

マッシュルーム（半分に切る）…1缶（約50g）

赤パプリカ（せん切り）…1/2個（80g）

しょうが（薄切り）…1かけ

【スープ】

赤とうがらし（小口切り）…1本　　酢またはレモン汁…大さじ2

塩…小さじ1/2　　　しょうゆ…大さじ1　　　水…2カップ

【仕上げ】

香菜（刻む）…適宜

○つくり方

❶えびはキッチンバサミで脚をとり、背に切り目を入れて、Ⓐをからめる。

❷鍋にキャベツ・マッシュルーム・赤パプリカを入れ、❶・しょうがを乗せ、【スープ】を加える。

❸ふたをして中火にかけ、煮立ったらふたをとり上下を返し、弱火で7〜8分煮る。全体を混ぜ、【仕上げ】を散らす。

えびは殻つきのものが必須。「マッシュルーム缶」を選ぶと、本場の「ふくろたけ」の見た目も再現できます。

じゃがいものとろ〜りフォンデュ鍋

あっさりヘルシーな「じゃがいもソース」が新しい

2人前

【具材】

ブロッコリー（小房に分け、固めにゆでる）…1/2株（100g）

赤パプリカ（1cm幅の短冊に切る）…1/2個（80g）

じゃがいも（皮つきのまま2cm角に切り、固めにゆでる）…2個（300g）

バゲット（3cm角）…100g

【ソース】

ミックスチーズ…250g

じゃがいも（皮をむく）…小1個（100g）

にんにく（半分に切る）…1/2かけ

牛乳…1カップ

こしょう…少々

● つくり方

❶【ソース】のじゃがいもはすりおろして鍋に入れ、手早くチーズ・その他の材料とからめる。

❷ ❶を中火にかけてよく混ぜながら煮立てる。2〜3分火を通し、チーズを溶かす。

❸ お好みの【具材】をスティックでさし、からめながらいただく。

じゃがいもはすりおろして、すぐに褐色に変化しますが大丈夫。調味料を加えて加熱すると白いソースに仕上がります。ソースは冷めてもおいしい。

鶏と根菜のカンタン煮物

具材を詰めてフタして待つだけで本格おかず

2人前

【具材】

鶏もも肉（6等分に切る）…1枚（250g）

🅐 しょうゆ…大さじ2 ＋ 砂糖…大さじ2

れんこん（1.5cmの厚さの半月切り）…1節（200g）

にんじん（1.5cmの半月切り）…1本（150g）

シメジ（小房に分ける）…1パック（100g）

塩…小さじ1/2

【スープ】

水…1/2カップ

【仕上げ】

ごま油…小さじ1〜2

● つくり方

❶ 鶏肉に🅐をからめる。

❷ 鍋にれんこん・にんじんを入れて塩をからめ、5分置く。

❸ ❶を汁ごと加え、シメジを平らにのせて【スープ】を注ぐ。

❹ ふたをして中火で煮立て、そのまま弱火でふたをして20〜25分煮る。【仕上げ】をふって上下を返す。

火にかける前に肉や根菜に下味をからめることで十分に味がなじみます。少ない水分でも、小鍋だから大丈夫！

ゴロゴロごぼうと牛肉のごま味噌煮

仕上げのごま&味噌の風味でご飯がすすむ!

2人前

【具材】

牛薄切り肉…250g

Ⓐ しょうゆ…大さじ1 ╋ みりん…大さじ1 ╋ 砂糖…大さじ2 ╋ 片栗粉…小さじ1

ごぼう(泥を落とし、5cm長さ縦半分に切る)…2本(250g)

塩…小さじ1/2

しょうが(5mm角)…1かけ

【スープ】

水…1/2カップ

【仕上げ】

味噌…小さじ2〜大さじ1

白すりごま…大さじ1

● つくり方

❶ 牛肉はⒶの下味をもみ込んでおく。ごぼうは水に5分さらす。
❷ 鍋に、水気を切ったごぼうを入れて塩をからめ、5分置く。
❸ しょうがを散らし、牛肉を平らに広げ、【スープ】を注ぐ。
❹ ふたをして中火で煮立て、そのまま弱火にしてふたをして20分煮る。
❺【仕上げ】を加えてから、5分煮る。

「鶏と根菜のカンタン煮物」同様、肉にも根菜にも下味をからめることで、手間暇かけずにおいしい煮物が仕上がります。

ホクホクじゃがいものミートソース煮

小鍋に詰めるだけで、ミートソースができちゃう!

2人前

【具材】
じゃがいも(皮つきのまま、1個を6等分に切る)…2個(300g)
塩…小さじ1/2　　　　　　サラダ油…適宜

【ソース】
合びき肉…200g　　　　　　水…1/4カップ
Ⓐ 玉ねぎ(薄切りにし長さを3等分)…1/4個(50g) ✚
　ミニトマト(ヘタをとって横半分に切る)…10個(100〜120g) ✚
　小麦粉…大さじ2 ✚ ケチャップ…大さじ3 ✚
　ウスターソース…大さじ1 ✚ 塩…小さじ1/4

【仕上げ】
粉チーズ…大さじ2

● つくり方
❶ 鍋に油を薄く塗り、じゃがいもを入れて塩をからめ、5分置く(火はつけない)。
❷ ひき肉にⒶを加えスプーンでざっくりと混ぜて❶に平らにのせ、水を注ぐ。
❸ ふたをして中火で煮立て、そのまま弱火で20分煮る。
❹【仕上げ】を加え上下を返す。

「かぼちゃ」や「里いも」でもアレンジできます。仕上げに「タバスコ」や「パセリ」をたっぷりとかけるとおつまみにも。

きのこと豚のカレー南蛮

「麺つゆ」がなくてもおそばやさんの味に!

2人前

【具材】

豚こま肉…200g

Ⓐ しょうゆ…大さじ1 ➕ みりん…大さじ4 ➕ カレー粉…小さじ2 ➕ 小麦粉…小さじ1

お好みのきのこ(食べやすく切る)…合わせて200g

長ねぎ(斜め2cm幅に切る)…1本(100g)

塩…小さじ1/2

【スープ】

水…1/2カップ

【仕上げ】

しょうゆ…大さじ1

長ねぎの青い部分…少々

● つくり方

① 豚肉にⒶをもみ込む。

② 鍋にきのこ・長ねぎを入れて塩をからめ、①をのせて平らに広げ、【スープ】を注ぐ。

③ ふたをして中火で煮立て、そのまま弱火にして15分煮る。

④ 上下を返して【仕上げ】のしょうゆを加えて3分煮て、長ねぎをふる。

ゆでうどんやそばを加えてさらに煮込んでもおいしい。鶏肉や牛薄切り肉でもおいしい。

白菜と油揚げの中華煮

おなじみミルフィーユ鍋を中華風の小鍋にアレンジ

2人前

【具材】

白菜…大1/4株（650〜700g）

豚バラ薄切り肉（5cm幅に切る）…150g

油揚げ（ぬるま湯でもみ洗いする）…2枚（60g）

塩…小さじ1/2

【スープ】

水…1カップ

【仕上げ】

オイスターソース…大さじ2　　　　酢…小さじ1

万能ねぎ（小口切り）…適宜

● つくり方

❶ 白菜の葉の間に豚バラ肉・油揚げをはさむ。

❷ 鍋の深さに合わせ6〜7cm幅に切り、付け根を切り落として鍋に切り口を立てて詰め、全体に塩をふり5分置く。（火はつけない。）

❸【スープ】を注ぎ、ふたをして中火にかけ、煮立ったら弱火にし、20分煮る。

❹【仕上げ】をふり、混ぜながらいただく。

先に煮込んで白菜の水分を引き出してから【仕上げ】を加えるのがコツ。酢はほんのひとさじでキレのあるうまみを作ります。

鶏肉と野菜のぐつぐつクリーム煮

とろとろのほうれん草がやわらかい鶏肉にからんでうまい！

2人前

【具材】

鶏もも肉（1枚を6〜8等分する）…1枚（250g）
塩…小さじ1　　　　　　　小麦粉…大さじ3
ほうれん草（長さを半分、茎元は太ければ2つに切る）…200g
シメジ（小房に分ける）…1パック（100g）
サラダ油…適宜

【スープ】

牛乳…1カップ　　　　　　こしょう…少々
にんにく（すりおろし）…1/2かけ

【仕上げ】

バター…10g　　　塩・こしょう…少々

● つくり方

① 鶏肉に塩をもみ込み、小麦粉をしっかりとまぶす。
② 鍋に油を薄く塗り、ほうれん草を立てて詰め、間に、シメジ・①を詰める。残った小麦粉もふり入れる。
③【スープ】を注ぎ、ふたをして中火にかけ煮立ったら弱火にし、15分煮る。
④【仕上げ】を加え上下を返しながら、3分煮る。

ほうれん草は立てて詰めることで、素材の間から小鍋全体に熱が行き渡り、均一に水分とうまみが引き出されます。

小鍋で本格ビーフストロガノフ

ケチャップ・ソース・牛乳で作る本格味

2人前

【具材】

牛薄切り肉（小麦粉大さじ2をからめる）…200g
たまねぎ（縦半分に切り、繊維を断つように1cm幅に切る）…1個（200g）
シメジ（小房に分ける）…1パック（100g）

【ソース】

水…1カップ
Ⓐ塩…小さじ1/2 ✚ ケチャップ…大さじ3 ✚ 中濃ソース…大さじ3

【仕上げ】

牛乳…1/4カップ

●つくり方
❶鍋に、たまねぎ・シメジを広げ、牛肉をほぐしてのせる。
❷【ソース】のⒶを順にかけ、水を注ぎふたをする。
❸中火で煮立て、そのまま5分煮る。
❹上下を返し、【仕上げ】を加えて弱火で5分煮る。

牛乳を加えたら、弱火で仕上げます。お好みで生クリームを加えてもOK。さらにワンランクアップの味わいに。

塩鮭のかんたんカルボナーラ

小鍋ひとつでアツアツ本格パスタ!

【2人前】

【具材】
スパゲティ(「1.6mm、ゆで時間9分」のもの。半分に折る)…100g
塩鮭(2cm角に切り、目立つ骨を除き、白ワインをからめる)…1切れ(70〜80g)
白ワインまたは酒…大さじ2

【スープ】
牛乳…1/4カップ
Ⓐ塩…小さじ1/2 ➕ オリーブ油…大さじ1 ➕ 牛乳…1/2カップ ➕ 水…1カップ

【仕上げ】
粉チーズ…大さじ3
温泉卵…1個
あら挽き黒こしょう…少々

●つくり方
❶鍋に【スープ】のⒶを入れて煮立て、スパゲティを加えよく混ぜ、再び煮立ったら弱火でふたをして5分煮る。
❷スパゲティをほぐし、水気をふいた鮭・牛乳を加えて少し火を強め、煮立ったら再び弱火で水分がなくなるまで4分煮る。
❸【仕上げ】の粉チーズを先に混ぜ、残りをのせてからめながらいただく。

塩鮭は「ベーコン」や「ソーセージ」でもOK。【スープ】に入れる「オリーブ油」を「バター」にするとさらに濃厚に。

手羽先と春雨のこってり煮

台湾屋台風のごま油香る春雨がうまい！

2人前

【具材】
鶏手羽先…4本（200g）
Ⓐ しょうゆ…大さじ2 ＋ 砂糖…大さじ2 ＋ 酒…大さじ2 ＋ ごま油…大さじ1
春雨…50g
生しいたけ（石付きをとる）…6個　　しょうが（せん切り）…2かけ

【スープ】
水…1カップ

【仕上げ】
こしょう…多め

【トッピング】
香菜…適宜

●つくり方
❶ 手羽先にⒶをからめる。
❷ 鍋に❶を入れ、春雨・しいたけ・しょうがの順にのせ、【スープ】を注ぐ。
❸ ふたをして中火で煮立て、そのまま弱火で20分煮る。【仕上げ】をふって上下を返す。【トッピング】を散らす。

濃厚な出汁の出る手羽先をたっぷり使った春雨の煮込み。しょうゆと砂糖のシンプル調味でも、台湾屋台の味になるのが不思議。

キャベツと鶏肉のマスタード煮

粒マスタードの酸味がいいアクセントに！

2 人前

【具材】

鶏もも肉（6等分に切り、塩小さじ 1/2 をもみ込む）…1枚（250g）
キャベツ（3等分のくし切り、長さを半分）…1/2 個（550～650g）
塩…小さじ 1/2
にんにく（4等分）…1 かけ

【スープ】

水…2/3 カップ

【仕上げ】

酢…大さじ 1
粒マスタード…大さじ 2

●つくり方

❶ 鍋にキャベツを詰めて、塩小さじ 1/2 をふり、鶏肉・にんにくをのせ 5 分置く（火はつけない）。
❷【スープ】を注ぎ、ふたをして中火にかけ、煮立ったら弱火にし、20 分煮る。
❸【仕上げ】を加えて、さらに 5 分ほど煮る。

大きめキャベツに乗せて火を通すことで鶏肉はほどよく蒸され、ふんわりやわらかな食感に。

小鍋道場❽
「マイ土鍋」を作ってみよう！

　小鍋生活をより楽しむためにも「マイ土鍋」を手作りしてみてはどうでしょう？

　東京都内の「うづまこ陶芸教室」では、「手作り土鍋体験」ができちゃいます。

　粘土をこねて、ピザ生地のように広く伸ばし、あらかじめ用意された型に貼りつけていくだけ。丁寧に教えてくれるので、2時間もあればカタチができあがります。そのあと、教室の方が好みの釉薬（ゆうやく）を塗って、焼いてくれます。土鍋が完成するのは約3週間後。

　あなただけの「一生ものの土鍋」のできあがりです！

釉薬の色も選べます。
「鉄赤」にしてみました。

　自分で作った土鍋だから愛着も湧き、料理を作るたびに幸せな気分になれますよ。キッチンにいつも置いておきたくなっちゃいますね。まわりのみんなにも自慢できるし、話題にもなる「マイ土鍋」作り、オススメです！

　⇒詳しくは　うづまこ陶芸教室　で検索を

第 5 章

暑い日も
風邪気味の日も！
元気になれる
ヘルシー鍋

小鍋シアター❺「まいにち小鍋」

鍋はもう、冬だけのものじゃありません。夏の暑い日だって大活躍。体のためには暑い日こそあったかい鍋を食べて体をいたわりましょう。第五章は夏や、体調がイマイチな日など、食欲があまりない日でもするするといける小鍋のレシピをご紹介。栄養ドリンクなどに頼らなくても、おいしくて体がポカポカの健康生活を実現させてください。

蒸し野菜のガーリックドレッシング

ほっくりと蒸し上がった旬の野菜を楽しんで！

【具材】

かぼちゃ（1cm厚さに切る）…150g

赤パプリカ（乱切り）…1/2個（80g）

ブロッコリー（小房に分ける）…50g

【スープ】

サラダ油…大さじ1

塩…小さじ1/4

水…1/4カップ

【ソース】

にんにく（みじん切り）…1/2かけ

プレーンヨーグルト…大さじ3

オリーブ油…大さじ1

塩…小さじ1/2

● つくり方

❶ 鍋に【具材】を並べ、【スープ】を順にかけてふたをし、中火にかける。

❷ 煮立ったら弱火で6分煮て、火を止め、5分蒸らす。

❸【ソース】をかけていただく。

野菜は葉野菜以外ならなんでもOK。加熱したあとに5分蒸らすのがコツ。土鍋の余熱効果で野菜の水分が戻り、ほっくりだけどジューシーに。

牛肉のあっさりコムタンスープ鍋

にんにくとしょうがでホッとあったまる

【具材】
牛薄切り肉…150〜200g　　　　大根（せん切り）…100g

【スープ】
塩…小さじ1　　　　にんにく（半分に切る）…2かけ
ごま油…小さじ1　　　　水…4カップ

【仕上げ】
乾燥わかめ…大さじ1　　　　サニーレタス（大きくちぎり）…3枚

【たれ】
しょうが（すりおろし）…1かけ　　　ケチャップ…大さじ2
味噌…大さじ1　　　しょうゆ…大さじ1　　　一味とうがらし…適宜

● つくり方
① 牛肉をボウルに入れ、かぶるくらいの熱湯を注いで1分置き、取り出す。
② 鍋に①・【スープ】を入れて中火にかけ、煮立ったらアクをとり、弱火で20分煮る。
③ 大根を入れて5分煮て、【仕上げ】を加えてひと煮し、【たれ】でいただく。

牛肉に熱湯をかけて下処理をすることで、牛肉本来のうまみを生かせます。意外に合うのが「サニーレタス」。たっぷり加えて牛肉とスープにからめて召し上がってください。

こそげ塩鮭と大根のつみれ汁

簡単つみれが、ほろりと口の中でほぐれておいしい

【具材】

塩鮭…2切れ（150g）

Ⓐ 小麦粉…大さじ1 ＋ 酒または水…大さじ1 ＋ しょうが（すりおろし）…1/4かけ

大根（皮をむいて半月の薄切り）…100g

にんじん（皮をむいて半月の薄切り）…1/3本（50g）

【スープ】

薄口しょうゆ…大さじ1　　みりん…大さじ1と1/2

水…1と1/2カップ

【仕上げ】

万能ねぎ（ざく切り）…5本　　一味または七味とうがらし…適宜

● つくり方

❶ 鮭は、骨と皮を除きながらスプーンで身をこそげて取り出す。Ⓐを加えてスプーンで1分くらい練り、4～6等分にざっと丸める。

❷ 鍋に大根・にんじん・【スープ】を入れて中火にかけ、煮立ったら❶を落とし入れ、いじらないように弱火で7分煮る。途中で上下を返す。

❸【仕上げ】を加え、ひと煮する。

スプーン1本でできてしまう画期的なつみれ。最小限の小麦粉を加えるのでとてもやわらかく煮上がります。

青菜と鶏肉のとろみ治部煮鍋

金沢の郷土料理を手軽にアレンジ

【具材】
鶏むね肉（薄いそぎ切りにし、小麦粉大さじ2をまぶす）…小1枚（160g）
長ねぎ（3cm幅のぶつ切り）…1本（100g）

【スープ】
しょうゆ…大さじ2
みりん…大さじ2
酒…大さじ2
水…1カップ

【仕上げ】
豆苗…50g

【トッピング】
わさび…小さじ1〜2

●つくり方
❶鍋に長ねぎ・【スープ】を入れて中火にかけ、煮立ったら鶏肉を広げながら1枚ずつ入れる。動かさないように2〜3分煮て、火を通す。
❷【仕上げ】を加えてひと煮する。【トッピング】を添えていただく。

鶏むね肉はなるべく薄めの「そぎ切り」に。片栗粉をまぶして煮汁に入れたら、動かさない、煮すぎないのがコツ。

千切り白菜の「カニ玉」鍋

シャキシャキ白菜と仕上げのレモンでさっぱりと

2人前

【具材】
白菜（繊維を断つように5mm幅に切り、葉と根元を分ける）…1/4株（650〜700g）
生しいたけ（薄切り）…4枚

【スープ】
かに缶（ほぐし身）…1缶（100g）　　しょうが（すりおろし）…1かけ
みりん…大さじ2　　薄口しょうゆ…大さじ2　　水…2カップ
Ⓐ片栗粉…大さじ2 ＋ 水…大さじ2

【仕上げ】
溶き卵…2個

【トッピング】
あら挽き黒こしょう…たっぷり　　レモン果汁…1/2個分

●つくり方
❶ 鍋に【スープ】を入れて中火で煮立て、Ⓐを混ぜながら加えて1〜2分煮て、濃いめのとろみをつける。
❷ 白菜の根元・しいたけを入れる。
❸ 白菜がしんなりしたら【仕上げ】を回し入れて、軽く混ぜ、かき玉状にする。白菜の葉を加えてひと煮する。
❹【トッピング】を添えていただく。

白菜は、葉と根の部分に分けて鍋に入れると、2つの具材として楽しめます。

輪切りごぼうの和風リゾット

20分足らずでできる本格リゾット

2人前

【具材】
米（といでざるに上げて、30分間水気を切る）…1/2合
ごぼう（5mmの輪切りにする）…小1本（100g）
生しいたけ（薄切り）…2枚

【スープ】
塩…小さじ2/3　　　　　　　　豆乳（無調整）…1カップ
水…1カップ

【仕上げ】
豆乳（無調整）…1/2カップ　　　薄口しょうゆ…小さじ1

【トッピング】
粉チーズ（お好みで）…適宜

● つくり方
1. 鍋に【具材】・【スープ】を入れて、中火にかけ、混ぜながら煮立たせる。
2. 煮立ったらひと混ぜし、弱火にして時々混ぜながら10分煮る。
3. 【仕上げ】を加えて、さらに混ぜながら7分ほど煮る。
4. 【トッピング】をふって混ぜながらいただく。

生米にごぼうとしいたけの香りとうまみを吸わせながら煮込みます。豆乳を牛乳にしたり、トッピングのチーズをベーコンやちりめんじゃこに代えてもOK。8号程度の土鍋を使って作るのがすすめ。

つやつやコラーゲン白湯らーめん

夜中に食べても罪悪感なし！

2人前

【具材】

生中華麺…1玉

もやし…100g

ニラ（3cm幅に切る）…30g

【スープ】

鶏手羽先（手羽先はキッチンバサミで先を落とし、縦半分に切る）…4本（200g）

酒…大さじ2　　　　　　　　　塩…小さじ1

しょうが（薄切り）…4枚　　　水…4カップ

【仕上げ】

メンマ（瓶つめ）…20g　　　　しょうゆ…小さじ1〜2

こしょう…多め

● つくり方

① 鍋に【スープ】を入れて中火にかけ、煮立ったらアクをとり、弱火で15分煮る。

② 中華麺を加え、やわらかくなるまで煮る。

③ もやし・ニラを加えてひと煮し、【仕上げ】を加えて味を調える。

少々手間ですが、手羽先はキッチンバサミで切り分けることで、おいしい出汁が短時間でとれます。直に麺を加えることで、白湯スープっぽいとろみと色に！

鶏とアボカドのビタミン鍋

鍋にアボカド? これがうまいんです!

2人前

【具材】

Ⓐ 鶏ひき肉…150g ＋ 卵…1個 ＋ 小麦粉…大さじ3 ＋ 塩…小さじ1/4

ブロッコリー(小房に分ける)…100g

アボカド(皮をむいて6〜8等分に切る)…1/2個

【スープ】

みりん…大さじ2　　　　　　　薄口しょうゆ…大さじ2
水…3カップ

【仕上げ】

しょうが(すりおろし)…適宜

● つくり方

❶ Ⓐの材料をボウルに入れ、2分くらいよく練り混ぜる。

❷ 鍋に【スープ】を入れて中火にかけ、煮立ったら、❶の種をにぎり、一口大にスプーンでとり、落とし入れて中火で煮立て弱火にして5〜6分煮る。

❸ 途中でアクをとり、ブロッコリー・アボカドを加えて2〜3分煮る。

❹ 取り分けて、【仕上げ】を添えていただく。

あっさりしょうゆ味に鶏だんごがスープのベース。アボカドと鶏だんごを崩しながらブロッコリーとからめて、ヘルシーで濃厚な味わいを楽しんで。

小鍋道場❾
小鍋でスイーツ

土鍋でなんと「デザート」もできちゃいます！
「土鍋プリン」に挑戦してみましょう。
直径 18cm 程度の土鍋で作るとちょうどいい分量です。

実は甘いものも大好きじゃ

【スープ】
卵…3 個　　牛乳…300ml　　砂糖…50g
バニラエッセンス…2 ふり

【ソース】
お好みのフルーツ（キウイ・いちご・オレンジ・ブルーベリー・ラズベリー）…150g
砂糖…小さじ 2　　レモン汁…小さじ 1　　ミント…10 枚
ホイップクリーム…適宜

◉ つくり方

❶ 土鍋に牛乳、砂糖を入れ、弱火にかけ砂糖が溶けるくらいの人肌まで温める。

❷ ボウルに卵を割りほぐし、❶を注ぎ、溶き混ぜる。バニラエッセンスを加えて、万能こしでこしながら土鍋に戻す。

❸ ふたをして中火にかけ、30 秒たち熱がこもったら弱火にして 10 〜 12 分蒸す。

❹ 火を止めてそのまま 10 分蒸らす。そのままいただいても、または冷蔵庫に入れて十分冷やしてもいい。

❺ ソースのフルーツは食べやすく切り、ミント・砂糖・レモン汁を加えてあえ、砂糖が溶けるまで冷蔵庫で 1 〜 2 時間冷やす。❹にのせる。スプーンで盛りつけ、ホイップクリームを添える。

小鍋道場⑩
「締めのお作法」アラカルト！

 鍋の締めは、いつも「ご飯」か「うどん」。テッパンではあるけれど、マンネリになりがちです。

 ここでは、締めのアイデアもいくつかご紹介しましょう。

①やっぱり、ご飯とうどんは締めの基本

 ご飯やうどんは、どちらも冷凍で保存しておくと便利です。冷凍のまま鍋に加えられます。

 ご飯は100gを広げたラップにのせ、名刺サイズ×2の大きさに平らにしてしっかり包み、冷凍しておきます。締めにはラップを外してそのまま鍋にポン。崩しながら煮込んでいけば味がなじみます。

 冷凍のうどんも同様。水分が少ないようなら、少し水を足したり、ふたをして火を通せば大丈夫。

 十分に煮汁を吸いこんだら、溶き卵を。なるべく半熟に仕上げるには、卵を入れたあと長く煮ないのがコツです。

 最後に「チーズ」を入れるのもありですね。パン、パスタなどに合わせてもいいし、スープの味も選びません。チーズの種類にこだわるのもアリ。

② お餅とそうめんは意外と使える

　お餅とそうめんもオススメです。夏に余ったそうめんは、使い勝手がよいのです。そうめんは塩を練り込んで乾燥させているので、そのまま鍋に加えると塩味もつき、うまみも出ます。しゃぶしゃぶのスープなど、塩分の少ない鍋の締めや、スープの残りが少ないときに、1〜2カップ程度足して煮込むとよいでしょう。煮汁にとろみがつくので、体も温まります。

　お餅は、1枚を4〜6等分にしてそのまま加えます。残りのスープが少ないと、お餅同士がくっつくので、お餅が泳ぐくらいの水分が残っているときの方がいいかも。締めというより、汁物感覚に仕上げましょう。最後に刻み海苔やごまをふると、懐かしい味わいになります。

③ 春雨、くずきりはいかが？

　春雨やくずきりは、鍋の途中でもいただける、「中締め」素材です。
　春雨は乾燥したまま加えられるので、便利。しかもすぐに火が通り、そのままスープの味をたっぷり吸い込んでくれるのでおいしく食べられます。
　くずきりは、製品によって煮込む時間がかかるものもあるので、パッケージをチェックしておきましょう。

small_鍋道場❿
「締めのお作法」アラカルト！

④フランスパンや車麸(くるまふ)はどうでしょう

　市販の「車麸」や皮が固い「フランスパン」は締めにもオススメ。フランスパンは固くなったものでも十分。車麸はざっくり割って、フランスパンは少しトーストして、カリッとしたものを用意します。じっくり煮込んでいくと、ふわとろの食感に！

　最後に加えると、クルトンみたいな食感を楽しめます。オリーブ油やバターなどの油を補うと、あら不思議！　和風の鍋も、洋風に早変わりします。

⑤餃子や生春巻きの皮も

　餃子の皮やアジア料理素材の生春巻きの皮も使えます。

　餃子の皮が余ってしまった、そんなときは、ちぎって加えると平うち麺みたいになります。シューマイ・ワンタンの皮も同様。

　生春巻きの皮は乾燥で日持ちがするので常備するとよいでしょう。キッチンバサミで切るか、手で割って加えます。米の粉でできているので、餃子の皮に比べて、重たくなく、あっさりした鍋の締めになります。早く火が通るのもよいですね。

　煮込まずに、トンスイにちぎって入れ、熱々のスープを注いでも手軽です。

⑥パスタはペンネがオススメ

　パスタを締めに加えるなら断然「ペンネ」。長く煮込んでもコシがなくならず、一口サイズで食べやすい。ゆでる時間が9〜11分と長いものが多いので、あらかじめゆでて冷凍しておくと便利です。
　ロングパスタなら、早ゆでタイプや、細いカッペリーニなどを折って加えてもいいでしょう。その際には、そうめん同様、水分を足して、鍋の中でくっつかないように、ときどき混ぜましょう。

⑦仕上げの薬味も一工夫

　肝になるのが、仕上げの薬味。
　万能ねぎの小口切りが定番ですが、切り方を変えると味わいも変わります。
　3センチ程度に切ったり、斜め切りにしたりすると、見た目も食感も変化して楽しいです。
　また、ニラ、三つ葉、しそ、海苔、乾燥わかめ、貝割れ菜、そして最近入手しやすくなった香菜（パクチー）をざくざく刻んでトッピングすると、締めがさらに楽しめます。
　しょうがやにんにくしかない、というなら、粗く刻んで、または組み合わせてトッピングしてみて。一気に鍋がフレッシュな香りになります！

小鍋道場⓫
夏はこんな具材で代用OK！

暑いから鍋は食べないって？ ……それはもったいない！

鍋も今では多種多様。さむーい冬に、あつあつ鍋であったまるのも醍醐味ですが、夏だって、体を温めるのは夏バテ防止によいのです。ただ、夏には大根、白菜、青菜は手に入りにくい……。そこで、こんな素材で代用しましょう。

①白菜がなければキャベツ

煮込んでおいしいのは「白菜」ですが、年中安定した「キャベツ」も甘みが出て鍋の主役になれます。意外に使えるのは「レタス」や「サニーレタス」。大きくちぎって後から加え、シャキシャキ感を楽しんでみましょう。

②大根の代わりにズッキーニ

大根と同じように「ズッキーニ」や「きゅうり」「茄子」も使えます。ズッキーニは輪切りにして。きゅうりは青臭さを抑えるため、ところどころ皮をむき、縦半分に切って水分が出ないよう、スプーンで種を除き、乱切りかぶつ切りに。

茄子も煮汁が黒くなってしまうので、思い切って皮をむき、大きめに切って加えます。

「オクラ」をそのまま加えるのもおいしいですよ。

サラダに使うにはちょっと堅い熟れていない「トマト」も大きめに切って鍋に投入してみましょう。

③しょうがやにんにくで夏鍋に一工夫

夏の鍋には、しょうがやにんにく、とうがらし、香菜（パクチー）をたっぷり使うといつもの鍋も「夏仕様」になります。

しょうが、にんにくは薄切りをスープに。すりおろしを仕上げに。赤とうがらしは輪切りをトッピングすると夏っぽく……。

香菜（パクチー）は、ざく切りを仕上げに入れたり、刻んでたれに使ってもおいしいです。

また、酢をかける感覚で、最後にレモンをたっぷり加えると、さわやかで食欲もわきます。お試しあれ！

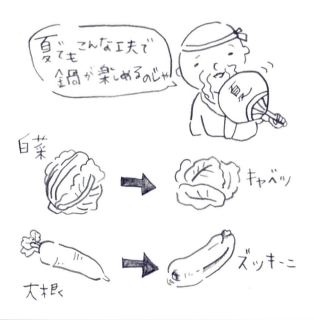

小鍋道場⑫
減塩ワザ・ヘルシーワザ

　最後に、「鍋は食べたいけど汁の塩分が気になる、だから減塩で楽しみたい」という人に向けてのアドバイスです!

　和食を中心とした日本人の食事は塩(ナトリウム)をとりすぎ、血圧が上がりやすい傾向にあります。日本人は高血圧民族なのです。

　減塩ワザの前に、塩と高血圧について知っておきましょう。

①塩に含まれる「ナトリウム」の働きって?

　人間の体液は0.85%の塩分濃度に保たれています。

　体の細胞の中にある体液を一定の状態に保つのが、ナトリウム、カリウムです。

　食事でとりいれたナトリウムやカリウムなどのミネラルは体に吸収されると、腎臓でろ過され、余分は排泄されます。

　ナトリウムとカリウムが、浸透圧のバランスを保つことにより、細胞は正常な機能を発揮するのです。

②塩分を摂りすぎると……

　塩を摂りすぎることで、腎臓からの水分排泄がうまくいかなくなります。すると、体の細胞のミネラル濃度を一定にしようとし、余分が血液にたまります。その血液の濃度を下げようとして血管内に水分をとりこみます。

　よって、血液量が増え、血管に圧力が上がり、血圧が上がるのです。これが「高血圧」。

③健康のために実践したい「減塩ワザ」

⑴汁を残し、締めは我慢する

鍋や煮込みは、塩分を含んだ液体の味わいで煮込むのが基本です。減塩にしたいなら汁はなるべく残すことです。もちろん、鍋後の締めなどは控えましょう。

⑵塩や薄口しょうゆで調味する

しょうゆや味噌を使った調味は、加熱中に味が変化しやすく、味がぶれて塩分を感じにくくなります。塩や薄口しょうゆを中心に使うと味ぶれが少なくなるので塩分を感じ続けられ、余計に足さなくてもすみます。

⑶野菜をたっぷり使う

野菜に含まれるカリウムは、塩のナトリウムとくっついて体外に排泄されます。よって、鍋で野菜をたっぷりとることで減塩につながるのです。野菜に多く含まれる食物繊維も、ナトリウムをとりこんで排泄されるのでとても有効です。

⑷魚、肉、油揚げなどは素材の臭みや脂肪・アクを除く

塩味を感じやすくして、満足感を増やす工夫をしましょう。

肉や魚が持つ臭みや脂肪を取り除くことで、余分な塩分を加えなくても、おいしく感じられるようになります。

また、鶏肉の皮下脂肪、皮、ひき肉や肉の脂肪は、目立つものは取り除き、熱湯をかけて霜ふりにしたり、焼ききると、塩味が入りやすくなって感じやすくなります。

小鍋道場⓬
減塩ワザ・ヘルシーワザ

(5)素材の香りや味を引き出す

野菜や肉、魚は、しっかりと焼き色をつけることで「香ばしさ」が出て、塩分を抑えてもおいしくいただけます。

また、野菜の酵素や肉や魚の「うまみ」が引き出されるのは「40〜60度」。その時間が長くなるように、炒める順番や、煮込み方などを工夫してうまみが引き出されるようにしましょう。

(6)肉や魚はやわらかな食感にする

噛む回数を減らせるようにし、唾液を少なくさせます。たくさん噛んで、味がないなと思う時間を減らすのです。煮込みすぎない、また、肉や魚は後から加えるなどのやわらかく仕上がる工夫をしましょう。

(7)切り方や下処理の工夫をする

表面積が増やせる切り方を工夫しましょう。乱切りにしたり、ちぎったり、また素材の繊維を断ちきったりすると味が入りやすくなります。味の入りにくい素材は、下ゆでしたり、素材に下味を加えて味のメリハリを作ります。

(8)とろみを活用し、塩分をまとめる

素材の表面に「小麦粉や片栗粉」をふることで、塩分が効率よく付着します。また、煮汁に片栗粉などでとろみをつけると、口の中で停滞して「味を感じる時間」が長くなり、また素材もやわらかく感じられるので、薄味でもおいしく感じられます。

(9)素材の選び方を工夫する

香りやうまみが出やすい素材である、根菜、きのこ、トマト、わかめ、のりを多用しましょう。

また、とろみが出やすい素材である、オクラ、きのこ、長芋、パプリカ、茄子、わかめ、のり、ねぎ類も使うといいでしょう。

(10)塩分を含まない素材を活用して、香りや酸味で満足感を

塩分を含まない素材でも香りや酸味を加えれば、満足感を得ることができます。たとえば、レモン、すだち、ゆず、酢、わさび、しょうが、にんにく、ねぎ、しそ、こしょう、さんしょう、からし、ごま油、ごまを多用しましょう。

逆引き索引

	肉、魚類							野菜類					
◎=必須 ○=あるといい	豚肉	鶏肉	牛肉	鮭・たら	ベーコン	卵	チーズ	キャベツ	白菜	トマト	ねぎ	レタス	水菜
1章:なんでも小鍋で!王道メニュー													
豚肉と生野菜のシンプルしゃぶしゃぶ	◎									◎	○	◎	
鶏肉ときのこの和風スープパスタ		◎											○
ざくざくごぼうのあったか豚汁	◎												
ひき肉と春雨の煮込みチャプチェ	◎												
土鍋でまるごとマーボードーフ	◎									◎	○		
豚しゃぶそうめん鍋	◎												◎
かんたんシンガポールライス		◎											
ほくほくシンプルおでん						◎	◎						
本格ほろほろチキンカレー		◎								◎			
2章:どんなに忙しい朝もOK!小鍋ひとつでカンタン10分ご飯													
とろ~リパン鍋フォンデュ					◎		◎						
ブロッコリーのチーズ味噌スープ							◎			◎			
塩鮭の蒸しバター鍋				◎							○		
ぐつぐつ「グラタン風」半熟卵鍋					◎	◎				◎			
とろとろ豆腐とわかめのいたわりスープ										◎			
とろとろチーズリゾット					◎		◎						
豆乳カレーつけ麺										◎			
ソーセージとアスパラの常朝鍋					◎			○		◎			
かいわれとベーコンのかき玉うどん					◎	◎							
塩だらと青のりクリーム煮				◎						◎			
3章:お酒がすすむ!小鍋ひとつで贅沢おつまみ													
大根と豚肉の梅スープ鍋	◎										○		
豆腐ときのこの鶏すき鍋		◎									◎		
根菜のあっさりスープ鍋	◎										◎		
サバ缶のピリ辛味噌鍋													
チンゲンサイの中華風さんしょう鍋	◎												
歌舞伎揚げの「揚げ玉」鍋											◎	○	
塩だらと大根の塩みぞれ鍋				◎									
豚バラと野菜の「麻らー」鍋	◎												
アツアツ「土手鍋」煮やっこ											◎		

いまある食材からメニューを決められる表をご用意しました。

ごぼう	にんじん	ニラ	たまねぎ	大根	パプリカ	ブロッコリー	アスパラガス	じゃがいも	きのこ	しょうが	にんにく	パスタ	春雨	米(ご飯)	豆腐	乾燥わかめ	その他の必須食材
									◎			◎					
◎	◎																
		◎	◎	◎									◎		◎		
										○							
	○				◎												そうめん
				○						◎				◎			きゅうり
						◎											こんにゃく
			◎							◎	◎						プレーンヨーグルト・カレー粉
																	トマトジュース
					◎											◎	
			◎														もやし
		◎													◎	◎	梅干し
														◎			牛乳
	○								◎								冷凍うどん、豆乳、カレー粉
							◎										ソーセージ
											◎						冷凍うどん、貝割れ菜
																	油揚げ・牛乳・青のり
					◎				○								梅干し
									◎						◎		
◎	◎																
			◎														サバ缶、キムチ
										◎							チンゲンサイ、粉さんしょう
																	歌舞伎揚げ、かまぼこ
				◎													油揚げ、豆苗
		◎	◎								◎						
										◎	◎			◎			

	肉、魚類							野菜類					
◎=必須 ○=あるといい	豚肉	鶏肉	牛肉	鮭・たら	ベーコン	卵	チーズ	キャベツ	白菜	トマト	ねぎ	レタス	水菜
4章：小鍋ひとつで大満足！鍋もの風おかずご飯													
きのことえびのトムヤムクン鍋								◎					
じゃがいものとろ〜りフォンデュ鍋							◎						
鶏と根菜のカンタン煮物		◎											
ゴロゴロごぼうと牛肉のごま味噌煮			◎										
ホクホクじゃがいものミートソース煮							○			◎			
きのこと豚のカレー南蛮	◎											◎	
白菜と油揚げの中華煮	◎								◎				
鶏肉と野菜のぐつぐつクリーム煮		◎											
小鍋で本格ビーフストロガノフ			◎										
塩鮭のかんたんカルボナーラ				◎		◎	◎						
手羽先と春雨のこってり煮		◎											
キャベツと鶏肉のマスタード煮		◎						◎					
5章：暑い日も風邪気味の日も！元気になれるヘルシー鍋													
蒸し野菜のガーリックドレッシング													
牛肉のあっさりコムタンスープ			◎										
こそげ塩鮭と大根のつみれ汁				◎								○	
青菜と鶏肉のとろみ治部煮鍋		◎									◎		
千切り白菜の「カニ玉」鍋						◎			◎				
輪切りごぼうの和風リゾット							◎						
つやつやコラーゲン白湯らーめん		◎											
鶏とアボカドのビタミン鍋		◎					◎						
土鍋プリン							◎						

● 肉類はうす切りやひき肉など形状や部位をレシピで確認して下さい。

● 豆腐はもめんや絹など、レシピで確認して下さい。

ごぼう	にんじん	ニラ	たまねぎ	大根	パプリカ	ブロッコリー	アスパラガス	じゃがいも	きのこ	しょうが	にんにく	パスタ	春雨	米(ご飯)	豆腐	乾燥わかめ	その他の必須食材
						○			◎	◎							えび、香菜(パクチー)
					○	◎	○				◎						バゲット・牛乳
	◎									◎							れんこん
◎									◎								
			◎					◎									合びき肉
									◎								カレー粉
																	油揚げ
									◎		◎						ほうれん草・牛乳
			◎						◎								牛乳
													◎				牛乳
									◎	◎			◎				
											◎						粒マスタード
			◎		◎						◎						かぼちゃ、ヨーグルト
				◎						◎	◎					◎	サニーレタス
	◎		◎							○							
									◎	◎							豆苗・わさび
◎										◎				◎			かに缶・レモン
		◎									◎						豆乳
								◎		◎							中華麺、もやし、メンマ
																	アボカド
																	お好みのフルーツ・牛乳・レモン

小田真規子（おだ　まきこ）

料理家・栄養士・フードディレクター。有限会社スタジオナッツ主宰。女子栄養大学短期大学部卒業後、料理家のアシスタントを経て、有限会社スタジオナッツを設立。「オレンジページ」「ESSE」などの料理関連雑誌、企業のPR誌に、オリジナルの料理レシピを発表する他、NHK「きょうの料理」「あさイチ」など、TV料理番組への出演も多い。誰もが作りやすく、健康に配慮した、簡単でおいしいレシピの開発を心がけている。『一日がしあわせになる朝ごはん』（2015年10月、文響社）、『手間をかけずにこの「ほめ言葉」が聞こえるレシピ』（2015年7月、文響社）、『まいにち小鍋』（2016年11月、ダイヤモンド社）など著書多数。『一日がしあわせになる朝ごはん』は2016年「レシピ本大賞」準大賞を受賞。

なんでも小鍋
―― 毎日おいしい10分レシピ

2017年10月25日　第1刷発行

著　者———小田真規子
発行所———ダイヤモンド社
　　　　　〒150-8409　東京都渋谷区神宮前6-12-17
　　　　　http://www.diamond.co.jp/
　　　　　電話／03・5778・7234（編集）　03・5778・7240（販売）
ブックデザイン— 奥定泰之
製作進行———ダイヤモンド・グラフィック社
印刷————勇進印刷（本文）・加藤文明社（カバー）
製本————ブックアート
編集担当———竹村俊介

©2017 小田真規子
ISBN 978-4-478-10391-3
落丁・乱丁本はお手数ですが小社営業局宛にお送りください。送料小社負担にてお取替えいたします。但し、古書店で購入されたものについてはお取替えできません。
無断転載・複製を禁ず
Printed in Japan